SIMPLIFIQUE

JOSHUA BECKER

Tradução de Igor Barbosa

SIMPLIFIQUE

7 princípios para descomplicar
e organizar sua vida

Título original: *Simplify: 7 Guiding Principles to Help Anyone Declutter Their Home and Life*

Copyright © 2023 by Joshua Becker

Direitos de edição da obra em língua portuguesa no Brasil adquiridos pela Agir, selo da EDITORA NOVA FRONTEIRA PARTICIPAÇÕES S.A. Todos os direitos reservados. Nenhuma parte desta obra pode ser apropriada e estocada em sistema de banco de dados ou processo similar, em qualquer forma ou meio, seja eletrônico, de fotocópia, gravação etc., sem a permissão do detentor do copirraite.

EDITORA NOVA FRONTEIRA PARTICIPAÇÕES S.A.
Av. Rio Branco, 115 – Salas 1201 a 1205 – Centro – 20040-004
Rio de Janeiro – RJ – Brasil
Tel.: (21) 3882-8200

Dados Internacionais de Catalogação na Publicação (CIP)

B395s   Becker, Joshua

Simplifique: 7 princípios para descomplicar e organizar sua vida / Joshua Becker tradução por Igor Barbosa. – 1. ed. – Rio de Janeiro : Agir, 2024.
104 p.

Título original: Simplify: 7 Guiding Principles to Help Anyone Declutter their Home and Life

ISBN: 978-65-5837-175-5

1. Aperfeiçoamento pessoal. I. Barbosa, Igor. II. Título.

CDD: 158.1
CDU: 130.1

CONHEÇA OUTROS
LIVROS DA EDITORA:

André Queiroz – CRB-4/2242

Dedico esta obra à minha esposa,
Kim: obrigado por me acompanhar na jornada.

E aos meus filhos, Salem e Alexa:
obrigado pela torcida.

Meu agradecimento especial a Martha e Jana: seus *insights* tornaram este livro possível.

Sumário

Nossa história comum 11

Princípio n.º 1: Deixar-se convencer 19

Princípio n.º 2: Tornar o minimalismo conveniente para você 29

Princípio n.º 3: Pular de cabeça! 37

Princípio n.º 4: Interromper a tendência 49

Princípio n.º 5: Perseverar 63

Princípio n.º 6: Compartilhar a alegria 75

Princípio n.º 7: Simplificar em todos os aspectos 85

O convite da simplicidade 95

Nossa história comum

*Qualquer materialista razoavelmente
consciente sabe muito bem:
aquilo que você possui também te possui.*
Tom Robbins

O Memorial Day* de 2008 caiu em um fim de semana de primavera muito agradável em Vermont. Acordei cedo naquele sábado com um objetivo em mente: arrumar a garagem. Eu sabia que isso me tomaria o dia todo, então programei meu alarme para tocar mais cedo, para começar bem. Minha mulher e eu decidimos passar os três dias do feriado prolongado arrumando a casa de cima a baixo; afinal, é esse tipo de coisa que as famílias fazem. E nós somos, por definição, apenas uma família comum de classe média, formada por quatro pessoas, que vive num típico subúrbio dos Estados Unidos. Kim e eu temos trinta e poucos anos. Meu filho tem sete e minha filha, três. Nossa família é como qualquer outra (tirando o fato de não termos o cachorro e a cerca branca).

* Feriado nacional dos Estados Unidos em memória dos soldados americanos mortos em combate. É comemorado na última segunda-feira de maio e no fim de semana que a antecede. (N. T.)

Tudo começou de forma bastante inofensiva naquela manhã de sábado, quando meu filho e eu começamos a limpar a garagem. Os vizinhos estavam cultivando o jardim, regando flores e cuidando da parte externa da casa de dois andares deles.

Quase quatro horas depois, ainda estávamos trabalhando na mesma garagem e nossos vizinhos ainda estavam engajados nos afazeres da casa deles. A vizinha, percebendo minha frustração, virou-se para mim e disse, cheia de sarcasmo:

— Ah, como é bom ter uma casa!

— Bem, você sabe o que dizem — respondi —, quanto mais coisas você possui, mais elas possuem você.

A próxima frase dela tocou minha mente, meu coração e minha alma, mudando o rumo da minha vida para sempre:

— É por isso que minha filha é *minimalista*. Ela vive me dizendo que não preciso de tantas coisas!

Pode me chamar de ignorante, ingênuo, o que quiser, mas até então eu nunca tinha ouvido o termo *minimalista*. No entanto, de alguma forma, essa simples palavra deu nome a um desejo que vinha crescendo em meu coração. Entrei para contar à minha esposa sobre a breve conversa com a vizinha, e ela teve a mesma reação que eu, me dizendo: "Acho que é isso que eu quero."

Na mesma hora, fui para o computador (sem ter terminado o serviço na garagem) e comecei a pesquisar sobre minimalismo. Encontrei vários sites que descreviam um estilo de vida simples, focado em possuir apenas o essencial para a vida e eliminar os excessos. Quanto mais eu lia, mais desejava aquilo. E assim nasceu um minimalista.

Por que o minimalismo foi uma escolha fácil
Agora, dois anos depois, posso olhar para trás e perceber por que o minimalismo foi uma escolha tão fácil e por que desde o início me identifiquei tanto com a ideia:

- Eu estava cansado de passar os feriados organizando e limpando.

- Há coisas na vida que valorizo mais do que posses: Deus, família, relacionamentos, caráter...

- Gosto da casa limpa, arrumada e organizada... mas não gosto de arrumar. Vai entender, o minimalismo resolve esse dilema.

- Na maioria dos casos, prefiro o estilo minimalista, desde em roupas e relógios até na decoração de interiores.

- Adoramos receber visitas, e o minimalismo mantém a casa em ordem.

- Não tenho medo de mudanças; e me tornar minimalista foi definitivamente uma mudança de vida para nós.

- Não vamos ter mais filhos. Embora meus filhos ainda sejam muito pequenos, não precisamos "guardar algo por precaução". Quando as roupas, os brinquedos ou outros objetos não servem mais para eles, nós simplesmente doamos.

- Sou um cara simples. Não pão-duro, mas simples, que não são a mesma coisa (ou, pelo menos, é o que digo à minha esposa).

- Adoro inspirar outras pessoas a adotar um estilo de vida que valha a pena. Nossa história já inspirou centenas de milhares de pessoas em todo o mundo por meio de nosso blog (www.becomingminimalist.com).

É possível que você se identifique com um ou dois dos motivos citados (menos com a história de ser pão-duro, não é?). Nesse caso, provavelmente vai concordar que o minimalismo pode ser uma escolha fácil para você. Caso não se identifique diretamente com nenhum dos nossos motivos e tenha alguma dúvida, continue lendo mesmo assim. Um estilo de vida simples e minimalista traz benefícios para todos.

Desde que nos tornamos minimalistas, economizamos dinheiro, reduzimos a bagunça e eliminamos distrações. Nossa casa está mais limpa. E passamos os feriados prolongados juntos em família, e não arrumando a garagem.

Nos últimos dois anos, aprendemos muito sobre como minimizar nossos pertences e simplificar a vida, e este livro é uma compilação dessas lições. Nossa vida é comum... como a sua. E se essa família de quatro pessoas que mora no subúrbio conseguiu simplificar a casa e a vida dela, você também consegue!

Estas páginas apresentam sete princípios orientadores que aprendemos nos últimos dois anos. Esses princípios são aplicáveis à vida de qualquer pessoa, e tenho certeza de que, se forem levados a sério, eles vão ajudar você a organizar sua casa e sua vida.

Princípio n.º 1: Deixar-se convencer

> *Você não pode ter todas as coisas.*
> *Onde você as guardaria?*
>
> Mensagem encontrada num
> biscoito da sorte do meu filho

Você pode estar lendo este livro por vários motivos: porque quer ter ou tem interesse em seguir um estilo de vida simples, ou seu cônjuge deseja que você tome esse caminho. Não importa o seu estado de espírito ao começar esta leitura, o Princípio orientador n.º 1 da simplicidade é sempre o mesmo: **deixar-se convencer.**

Nossas ações seguem nosso coração

Nossas ações sempre seguirão o verdadeiro desejo do nosso coração. Aquilo em que acreditamos e amamos lá no fundo determina sempre o caminho que nossa vida seguirá. Não somos capazes de mascarar nossos verdadeiros desejos por muito tempo. Sem uma mudança profunda no modo como pensamos e sentimos sempre voltaremos à zona de conforto, ao primeiro amor do nosso coração, e isso vale para tudo em nossa vida: nossa energia, nosso tempo, nossos relacionamentos, nossa espiritualidade, nosso dinheiro e nossos bens.

Antes que qualquer um de nós consiga simplificar a casa e a vida, precisamos estar convencidos de que vale a pena se dedicar a esse estilo de vida. Por isso, listei dez benefícios de quem adota um estilo de vida minimalista.

Benefício n.º 1: Menos gastos

Uma das vantagens de viver com simplicidade é o fato de que isso custa menos. Ao acumular menos coisas, você gasta menos dinheiro. Muitas pessoas acreditam que o segredo da liberdade financeira é aumentar a renda. Infelizmente, quando alguém começa a ganhar mais dinheiro e não limita as despesas, simplesmente gasta ainda mais. O contrário, provavelmente, faz mais sentido: o verdadeiro segredo da liberdade financeira é gastar menos. Se você leva uma vida em que não adquire muitas coisas, acaba gastando menos.

Benefício n.º 2: Menos estresse

Leo Babauta, do blog Zen Habits, lembra que uma casa minimalista é menos estressante. A desordem é uma forma de distração visual, e tudo diante dos nossos olhos consome pelo menos um pouco de nossa atenção. Quanto menos bagunça, menos estresse visual temos em nossos ambientes. Uma casa simples e minimalista nos acalma. Eu descobri o quanto isso é verdade, e você pode descobrir também com um experimento simples. Compare uma pia vazia (minimizada) com outra que esteja bagunçada. Olhe para cada uma delas separadamente. Qual é a sua resposta emocional interna? A pia vazia não gera um efeito calmante, enquanto a bagunçada desperta emoções de incômodo ou ansiedade? Acredite: uma casa simples e minimalista é menos estressante.

Benefício n.º 3: Facilidade na limpeza e na organização
Quando começamos a reduzir a decoração da nossa sala, fiquei surpreso com a quantidade de poeira que encontrei nas prateleiras, sobretudo nas mais altas. Obviamente, o monte de bugigangas sobre elas tornava a vontade de tirar o pó uma tarefa assustadora. Quando terminamos de arrumar a brinquedoteca de nossos filhos, de repente percebemos que guardar os brinquedos à noite passou a levar muito menos tempo. Desde quando começamos a minimizar nosso guarda-roupa, passou a ser muito mais fácil mantê-lo arrumado. Quanto menos coisas houver em nossa casa, mais fácil será limpá-la.

Benefício n.º 4: Liberdade
Essa vantagem me pegou de surpresa. Eu tinha acabado de minimizar meu escritório no trabalho e, ao colocar os últimos itens em seus novos lugares, não consegui parar de comentar em voz alta: "Isso é tão bom. Hoje foi um ótimo dia." Uma sensação de liberdade tomou conta de mim enquanto eu observava meu novo escritório simplificado. Meu ambiente de trabalho não teria mais três estantes de livros

que eu "deveria ter lido". A mesa não ficaria cheia de pilhas de papéis que "deveriam ser arquivados adequadamente", como costumava acontecer. Quando estou sentado em meu escritório, tentando trabalhar, a desordem não me sufoca mais. A sensação de liberdade possibilitada pelo minimalismo é verdadeiramente revigorante, porque é mais do que uma sensação; é uma realidade que pode definir sua vida.

Benefício n.º 5: É bom para o meio ambiente
Imagine que você tem uma daquelas mães que se responsabilizam por todo o trabalho doméstico. Toda manhã, quando você acorda, ela arruma sua cama e você encontra a cozinha impecável, não importa o que a família tenha jantado na noite anterior. Se fosse esse o caso, como você demonstraria maior respeito e honra à sua mãe? Demonstraria mais estima tirando todos os brinquedos do lugar e deixando a maior bagunça possível para ela limpar? Ou você a reverenciaria mantendo as coisas arrumadas, guardando seus brinquedos e mantendo o ambiente o mais próximo possível da perfeição?

É lógico que sua resposta é a segunda. Para demonstrar respeito, você manteria, tanto quanto possível, a perfeição que ela deseja para você. É assim que vejo o meio ambiente. Se ele começou em um estado de perfeição, nós poderíamos respeitar essa perfeição tomando o máximo de cuidado possível com ele. Quanto menos consumimos, menos danos causamos ao meio ambiente. E isso beneficia todos.

Benefício n.º 6: Aumenta a produtividade

Nossos pertences consomem tempo. Seja para limpá-las, organizá-las, comprá-las ou vendê-las, quanto mais coisas possuímos, mais tempo elas roubam de nossa vida. Por exemplo, o estadunidense gasta, em média, quase 12 horas por mês fazendo compras. Agora, embora seja impossível eliminar completamente as compras de nossa rotina, uma das vantagens de viver de forma simples é a oportunidade de aproveitar uma vida mais produtiva pelo simples fato de passarmos menos tempo fazendo compras. Considere ainda as horas que gastamos limpando, classificando e organizando nossas coisas quando as colocamos em casa e você vai perceber que se trata de uma quantidade significativa de tempo. Só vivemos uma vez; seria sensato tonar nossa vida o mais produtiva possível.

Benefício n.º 7: É um exemplo para meus filhos

Como mencionei, meu filho tem sete anos e minha filha tem três. No momento, eles estão absorvendo de mim e de minha esposa valores sobre como viver e onde encontrar sentido. O estilo de vida minimalista mostrou aos meus filhos que os pertences pessoais não são a chave para a felicidade, que devem se ancorar no caráter deles e que o caminho para a felicidade é diferente do da vontade de possuir coisas. Essas são lições de vida valiosas que eles nunca vão encontrar na escola ou nos meios de comunicação.

Benefício n.º 8: A possibilidade de apoiar financeiramente outras causas

Intimamente relacionado ao benefício da liberdade financeira, levar uma vida simples oferece a oportunidade de apoiar financeiramente outras causas. O minimalismo possibilita economizar dinheiro não apenas para a minha reserva pessoal, mas também para contribuir para causas em que acredito. Conheci um homem que acabou de colocar a casa à venda com a intenção de doar uma parte do dinheiro para uma instituição de caridade na qual ele realmente acredita. Para ser mais preciso, ele colocou *uma* de suas casas à venda. Há pouco tempo, este homem se deu conta de que há coisas mais importantes na vida do que possuir casas em todos os climas imagináveis. É lógico que eu posso não sentir vontade de vender minha casa (a única que tenho), mas percebo que vale a pena deixar de comprar outro casaco nesse inverno, mais uma obra de arte para minha parede ou mais um produto de limpeza "novo e melhorado", permitindo que minhas finanças sejam destinadas a causas maiores.

Benefício n.º 9: Possuir coisas de maior qualidade

Admito que eu não esperava essa vantagem do minimalismo. Por alguma razão, não enxerguei a relação entre reduzir a quantidade de pertences e ter coisas melhores. Mas a verdade é que as duas situações andam juntas e estão diretamente relacionadas. Quando assumimos o compromisso de comprar menos, nos abrimos à possibilidade de adquirir produtos de qualidade superior.

Veja o seu guarda-roupa, por exemplo: se você for como a maioria, possui 25 camisas medíocres penduradas no armário, embora você realmente use apenas dez delas e goste de um número ainda menor. Seria muito mais sensato ter em seu armário dez camisas de que você goste de verdade, em vez de 25 de que goste mais ou menos. Você pode gastar 1.200 reais do seu orçamento reservado para adquirir roupas novas comprando vinte camisas por sessenta reais cada uma, ou pode comprar dez a 120 reais cada. Dessa forma, um estilo de vida minimalista permite adquirir itens de maior qualidade. Lembre-se: mais não é melhor; melhor é melhor.

Benefício n.º 10: Alguém terá menos trabalho

No ano passado, minha mãe separou os pertences de um de seus pais, que tinha falecido. No mês passado, um grande amigo meu acompanhou a venda da casa da família, pois seus pais foram viver em uma casa de repouso. Na semana passada, ajudei uma família a se mudar da casa em que morou por 45 anos. Horas e horas foram gastas vasculhando caixas e mais caixas de pertences, cômodo por cômodo. Algumas coisas foram guardadas, outras foram vendidas e muitas, jogadas fora. Em todos esses casos, quem teve todo o trabalho foi alguém que não era o proprietário dos bens.

Considere o fato de que, em algum momento de sua vida (ou após sua morte), cada objeto que você possui vai ser classificado por outro ser humano. Optando pelo minimalismo, você pode iniciar uma vida menos estressante agora mesmo, e também diminuir o fardo de alguém próximo a você. Pelo bem de seus amigos e parentes, escolha levar uma vida simples e minimalista.

Apresentei dez razões que demonstram como o minimalismo é um estilo de vida superior à alternativa de viver para comprar, juntar, guardar e acumular. Se você estiver pronto para experimentar os benefícios de reduzir as coisas que possui, prossiga para o Princípio orientador n.º 2: "Tornar o minimalismo conveniente para você."

Princípio n.º 2: Tornar o minimalismo conveniente para você

O minimalismo é a promoção intencional das coisas que mais valorizamos e a eliminação de tudo o que nos afasta delas.

Minimalismo racional

Muitas pessoas com quem converso ficam nervosas quando ouvem o termo "minimalista". Para elas, a palavra evoca imagens de miséria, paredes áridas e armários vazios. Com razão, elas concluem que isso não é jeito de curtir a vida. E acredite, eu concordo com elas — isso não é jeito de curtir a vida.

Talvez seja por isso que fui chamado de "minimalista racional". Eu me tornei um dos principais defensores do "minimalismo racional" e assumo esse rótulo com orgulho. Se você entrasse em nossa casa hoje, não pensaria logo de cara que um "minimalista" mora nela. Ao observar nossa sala, você veria uma televisão, sofás, livros e brinquedos infantis (provavelmente alguns no chão). Em nosso armário, encontraria uma variedade de casacos, botas e luvas. Em nossa brinquedoteca, no andar de baixo, veria um videogame e provavelmente mais brinquedos no chão (a menos que tivéssemos arrumado o local antes de você chegar, é lógico). Desde que decidimos nos tornar minimalistas, há dois anos, estamos em uma jornada para definir o que isso significa para nós.

Vivemos no subúrbio. Temos dois filhos pequenos. Somos atuantes em nossa comunidade. Adoramos receber visitas e fazê-las se sentir bem em nossa casa. Embora não seja excepcional, nossa vida não é idêntica à de mais ninguém. É a nossa vida, e de mais ninguém. E, se queríamos nos tornar minimalistas, teria de ser um estilo de minimalismo específico para nós. Isso exigiria curiosidade, reciprocidade e também que identificássemos o que mais valorizamos e fôssemos humildes o suficiente para mudar de rumo quando necessário.

Ao longo do tempo, definimos o minimalismo em cinco aspectos:

1. **Promoveremos deliberadamente as coisas que mais valorizamos.** O cerne do minimalismo pode ser resumido nesta frase: *É a promoção deliberada das coisas que mais valorizamos e a eliminação de tudo o que nos afasta delas*. Isso pode ser percebido na forma como gastamos nosso tempo, nas obras de arte que usamos para decorar nossa casa e até nas roupas que vestimos.

2. **Eliminaremos toda a "bagunça" de nossa vida.** Esse processo começou com objetos à medida que íamos de

cômodo em cômodo, vendendo, doando e separando para a reciclagem tudo o que não usávamos mais. Ao fazermos isso, percebemos que a simplicidade e a ordem trazem liberdade, alegria e equilíbrio. Nossa casa começou a emanar vida e energia, em vez de drená-las. Quando começamos a suprimir a desordem física de nossa vida, percebemos a oportunidade de eliminar outras formas de desordem: emocional, relacional e espiritual. Desde então, temos nos empenhado muito para manter uma vida livre de bagunça.

3. Escolheremos nossa decoração no estilo minimalista.
Desde que nos tornamos minimalistas, eliminamos inúmeros móveis e objetos decorativos das paredes e estantes. O que ficou não apenas é *clean*, elegante e moderno, mas também significativo. As peças decorativas que mantivemos são as mais importantes e de maior valor sentimental para nós. Com isso, nossa casa recebe elogios de muitos que a visitam e apreciam sua beleza simples.

4. Usaremos nosso dinheiro para coisas mais valiosas do que objetos. A publicidade controlou nossas finanças por muito tempo. Desde o dia em que nascemos, ela nos diz o que e quando comprar e a quais lojas devemos para encontrar o melhor produto. Quando escolhemos nos libertar dos bens materiais, acabamos com o controle que a sociedade capitalista e consumista exerce sobre nós. De repente, ficamos livres para aplicar nosso dinheiro em projetos muito maiores do que aqueles oferecidos nas lojas de departamento.

5. Vamos levar uma vida contracultural que desperte o interesse de outras pessoas. Nos últimos dois anos, chegamos a conhecer muitos minimalistas cujas vidas estão longe de encher nossos olhos. Eles venderam tudo o que tinham para viver em comunidade numa fazenda. Obrigado, mas isso não nos interessa. Fizeram uma lista de todos os seus bens e escolheram manter cem itens dela, se livrando de todo o resto. Obrigado, mas não quero. Em vez disso, decidimos adotar um minimalismo racional que se adapte ao nosso estilo de vida e incentive outras pessoas a também simplificar a vida delas.

Os benefícios da nossa decisão são inconfundíveis: mais liberdade, mais impacto, mais tempo livre e menos estresse. Desde que tomamos essa decisão, temos incentivado centenas de milhares de famílias em todo o mundo a simplificar suas vidas, eliminar a desordem e a se tornar minimalistas. Afinal, se essa típica família de quatro pessoas de um subúrbio dos Estados Unidos conseguiu se tornar minimalista, você também consegue!

A sua forma de praticar o minimalismo vai ser diferente da de qualquer outra pessoa. E ela deve ser! Afinal, sua vida é diferente da de qualquer outra pessoa. Talvez você tenha uma família grande, pequena ou não tenha família. Talvez more em uma fazenda, em uma casa ou em um apartamento. Talvez colecione antiguidades, selos ou tampas de garrafas. Talvez você adore música, filmes ou livros. Ou guarde um tesouro de fotografias antigas, legados de família ou cartas românticas de alguém que ama.

Encontre um estilo de minimalismo que funcione para você. Que não seja complicado, e sim libertador, com base em seus valores, seus desejos, suas paixões e em um pensamento racional. Tenha em mente que seu estilo próprio não vai surgir da noite para o dia, mas precisará de algum tempo. Ele vai evoluir, e até tomar um rumo drasticamente diferente, à medida que sua vida mudar. Isso vai exigir firmeza e renúncias. E, como você vai cometer alguns erros ao longo do caminho, também exigirá humildade.

Você não terá tudo sob controle quando começar a simplificar sua casa. E está tudo bem. Perceba que você não vai conseguir controlar tudo até realmente dar início ao processo de simplificação. É por isso que o Princípio orientador n.º 3 é "Pular de cabeça!".

Princípio n.º 3: Pular de cabeça!

Não tenham em suas casas nenhum objeto que não seja reconhecido como útil ou percebido como belo.

William Morris

No fim de semana passado, aconteceu a 20.ª Maratona Anual de Burlington, em Vermont, onde moro. Admiro os maratonistas pela autodisciplina deles. No entanto, quando converso com os corredores sobre suas realizações e o quanto deve ter sido difícil correr 42 quilômetros, eles geralmente me dizem a mesma coisa: ninguém corre 42 quilômetros na primeira vez. Você começa com uma distância pequena e possível e vai progredindo.

Para muitos, a ideia de organizar a casa parece assustadora... ou até pior. Talvez pensar esse processo como um treinamento para uma maratona ajude. Você não organiza toda a sua casa no primeiro dia, mas sim começa com uma tarefa pequena e possível e vai progredindo.

Vitória gera vitória

Um grande amigo meu está tentando se livrar das dívidas. Ele recebeu um conselho interessante de seu consultor financeiro, que lhe recomendou não pagar primeiro os empréstimos com juros mais altos; em vez disso, ele foi instruído a antes quitar as dívidas menores. No início, achei isso um pouco estranho, até que meu amigo me contou o motivo: quitar as dívidas menores resulta em uma vitória — uma parcela mensal a menos. Mesmo que não tenha sido o maior deles, ainda assim é um fardo a menos, ou seja, uma vitória. E vitória gera mais vitória.

Tendo como exemplo a situação do meu amigo, você pode começar sua maratona. Pule de cabeça. Comece com as pequenas coisas. Conquiste algumas vitórias imediatas. E que cada vitória gere novas vitórias!

Minimalismo gera minimalismo

Você vai perceber que essas pequenas vitórias imediatas vão motivá-lo a conquistar mais vitórias e a enfrentar tarefas maiores. Quando você deixar uma superfície limpa, qualquer baguncinha vai incomodar e pedir para ser organizada. Depois que minimizamos meu escritório e eliminamos toda a bagunça, eu não suportava a ideia de deixar um pedaço de papel passar a noite sobre a minha mesa. Sentia que algo estava errado. E, depois que nosso quarto passou pelo mesmo processo, nunca mais consegui deixar nem uma camisa no chão.

Decidimos não começar com os maiores fardos (porão, cozinha, brinquedoteca), e sim pelas tarefas simples, para assim alcançar algumas vitórias rápidas. Mesmo que essas conquistas tenham sido pequenas, cada vez que eu abria o armário do banheiro ou a geladeira, me lembrava de que isso não era apenas algo que desejávamos, mas algo que éramos capazes de fazer.

Uma sequência sugerida

Esta é a ordem exata do que foi organizado em nossa casa:

- Veículos
- Sala de estar/Sala de jantar
- Quarto de hóspedes
- Banheiros
- Quartos das crianças
- Guarda-roupa
- Quarto do casal
- Escritório
- Brinquedoteca
- Cozinha
- Despensa
- Garagem

No seu caso, outra ordem pode ser mais indicada, mas ofereço nossa sequência como sugestão. Escolhemos primeiro os cômodos menos bagunçados e fomos avançando até que, finalmente, toda a casa estava simplificada e organizada.

Simplificar qualquer ambiente

Não importa qual gaveta, armário ou cômodo você escolha, o mesmo processo pode ser aplicado a cada um deles. Da forma mais razoável possível, remova todos os itens do espaço. O ato de tocar com as mãos cada objeto permite à sua mente se concentrar. Em seguida, classifique cada item em uma destas três categorias: guardar, realocar ou descartar.

- **Os itens a ser guardados** devem voltar a seu lugar de forma organizada, com os objetos menos utilizados no fundo e os de uso constante na frente.

- **Os itens a ser realocados** devem ser transferidos para o local novo imediatamente. Às vezes, esses objetos serão apenas devolvidos (um martelo volta para a caixa de ferramentas ou um livro para seu lugar na estante). Outras vezes, eles encontrarão um novo lar, que pode ser uma nova gaveta ou cômodo.

- **Os itens a ser descartados** devem ser classificados conforme você achar adequado para que sejam retirados completamente de sua casa: vendidos, doados, reciclados ou jogados fora.

Essas etapas simples continuam válidas para qualquer espaço que você escolher simplificar, bastando dividir cômodos grandes em partes menores.

Uma definição de bagunça

Webster (você sabe, aquele camarada que escreveu o dicionário) define *bagunça* como "característica do espaço que está preenchido ou coberto de objetos espalhados sem critério, que impedem o movimento ou reduzem a eficácia". Eu sou o único que não entende ou essa definição é mesmo confusa?

Aqui está uma definição muito mais prática:

- **Bagunça é tudo que está desorganizado.** O lema de nosso lar é: "Tudo tem uma casa." A bagunça cresce quando as coisas se perdem de sua casa e se misturam com as outras. Tudo que está desorganizado ou desarrumado é bagunça.
- **Bagunça é qualquer coisa que você não precisa nem ama.** Uma das alegrias de nos tornarmos minimalistas é que somos constantemente pressionados a definir o que valorizamos de verdade na vida. Ao longo do processo, aprendemos que uma casa contendo apenas coisas que usamos e amamos é um lugar onde realmente amamos estar.
- **Bagunça são muitos objetos em um espaço pequeno demais.** Isso tem várias formas de acontecer: muitas roupas em uma gaveta, muitos itens em um armário de banheiro, muitas bugigangas em uma prateleira ou muitos móveis em um cômodo. Lembre-se: chega uma hora em que sua criatividade para encontrar maneiras de armazenar objetos acaba.

"Fazer a limpa" versus minimizar

No início da nossa jornada, aprendi uma lição valiosa que vale a pena compartilhar. Em uma ótima conversa com amigos sobre nosso novo desejo de adotar uma vida minimalista, comecei a contar a história do nosso progresso no fim de semana e mencionei que havíamos transferido algumas coisas para o porão a fim de tirá-las do caminho. Minha amiga Liz, uma das moças sentadas à mesa, fez este sábio comentário: "Isso parece mais *fazer a limpa* do que minimizar."

Tentei me defender listando as coisas que havíamos jogado fora, mas não demorei muito para perceber que ela estava certa. Em retrospecto, na maior parte do tempo, havíamos começado "fazendo a limpa", e não "minimizando".

Obviamente há algum lugar para "fazer a limpa" no processo de organização à medida que você tira itens menos usados do seu caminho; mas lembre-se de que "fazer a limpa" não resolve o problema subjacente: o fato de que simplesmente possuímos coisas demais.

Escolha minimizar, não apenas *fazer a limpa*.

Dicas rápidas para todos os cômodos da sua casa

O que e quanto você decide limpar de cada cômodo é uma decisão inteiramente sua. Uma regra geral que pode orientar você é: "Se não for essencial, descarte." Aqui estão algumas dicas rápidas para pensar em cada cômodo da sua casa:

- **Sala de estar/Sala de jantar**: Mantenha apenas as decorações mais importantes na sua vida. Bibelôs e fotos demais em uma sala distraem você e seus convidados dos artigos que você considera mais valiosos.
- **Quartos**: Procure esvaziar o máximo de superfícies que puder. Mantenha suas gavetas e armários organizados, eliminando os itens que você não usa mais.
- **Guarda-roupa**: A maior parte das pessoas usa 20% das roupas que possuem durante 80% do tempo. Faça esta experiência: inverta todos os cabides do seu armário. Após usar uma peça, coloque-a de volta no armário com o cabide voltado para a direção certa. Depois de dois a três meses, você terá uma representação visual irrefutável das roupas que não usa mais. Doe-as.
- **Banheiros/Roupa de cama**: Alguém disse uma vez: "Na verdade, você só precisa de duas toalhas e dois conjuntos de lençóis: enquanto usa um, lava o outro." Embora minimizar para apenas duas toalhas possa ser insensato, você certamente pode encontrar inspiração nesse pensamento para deixar seus armários livres dos lençóis que não utiliza mais.
- **Escritório**: A bagunça em forma de papel é uma batalha sem fim. Você precisará de um sistema de arquivamento. E de disciplina para usá-lo.
- **Brinquedoteca**: Brincar faz parte da infância e as crianças precisam de brinquedos. Só que não de muitos.

Inclua seus filhos no processo de eliminação; por mais difícil que isso seja no início, eles se vão se acostumar. Defina um lugar para cada brinquedo e garanta que todas as crianças saibam onde é esse lugar.

- **Cozinha**: No *New York Times*, o *chef* profissional Mark Bittman escreveu um artigo intitulado "A No-Frills Kitchen Still Cooks" [Uma cozinha funciona, mesmo sem firulas], no qual mostra como equipar uma cozinha inteira gastando menos de trezentos dólares (cerca de 1.500 reais). Verifique a lista abrangente dele para se lembrar de como realmente não precisamos de muitos aparelhos para cozinhar.

- **Depósito**: Embora haja quem seja contra o uso de caixas no depósito, argumentando que elas nos desmotivam a fazer uma verdadeira depuração, na minha opinião são úteis para armazenar os objetos de maneira organizada. Se o processo de minimização irrita você, guarde os itens em uma caixa e escreva a data nela. Se, depois de três a quatro meses, você não tiver precisado do que guardou nela, talvez isso signifique que você possa viver sem o objeto.

Para onde foi nossa bagunça

Desde que nos tornamos minimalistas, removemos de nossa casa inúmeras caixas contendo objetos que não tinham mais utilidade para nós. Cada caixa que sai da nossa casa parece dar lugar a uma nova lufada de ar fresco. Abaixo listo o que escolhemos fazer com nossa antiga bagunça:

a) Nós a transformamos em dinheiro.

- Bazar de garagem: este não é o melhor retorno pelo dinheiro investido nos itens, mas o que você sacrifica em dinheiro, recupera em tempo e conveniência. Arrume algumas mesas, cole alguns adesivos e observe estranhos transformarem sua antiga bagunça em dinheiro.

- Venda on-line: o maior mercado do mundo exige um pouco mais de tempo, energia e conhecimentos de informática, mas o retorno financeiro vale a pena.

- Classificados: consideramos os classificados úteis na venda de alguns dos itens maiores, como móveis e veículos — casos em que o envio seria um problema.

b) Ajudamos alguém que precisava.

- Doações: inúmeras caixas de livros, roupas e peças de decoração foram enviadas para nossa central de doações local.

- Centros de apoio a gestantes: devido à nossa atual fase da vida, oferecemos muitos itens para bebês e mães, objetos de qualidade, para ajudar as jovens mães através de nosso centro local de apoio a gestantes.

- Programas de reassentamento de refugiados: o programa de reassentamento em nossa região ficou feliz em receber roupas de cama, lençóis e utensílios de cozinha de qualidade para ajudar os refugiados a começar uma nova vida em um novo lar.

c) Reciclamos quando possível.

- Centro de reciclagem: há várias cooperativas e instituições próximas que recebem itens ainda utilizáveis. Quem quiser levá-los para casa e utilizá-los pode adquirir esses itens gratuitamente.

d) Jogamos coisas fora.

- Lixo: se não for possível encontrar uma casa diferente, o lixeiro não se recusaria a jogar nossos sacos plásticos pretos na traseira de seu caminhão.

Não importa aonde ela vai parar — seja na sua conta bancária, na casa de outra pessoa ou no aterro sanitário —, o importante é que a bagunça não faça mais parte da sua vida.

Depois que a bagunça for desfeita, devemos garantir que ela não retorne. É por isso que o Princípio orientador n.º 4 para organizar sua casa e sua vida é "Interromper a tendência" ao consumismo em sua vida.

Princípio n.º 4: Interromper a tendência

Você diz: "Se eu tivesse um pouco mais, ficaria muito satisfeito."
Aí está o seu erro. Se você não está satisfeito com o que tem, não ficaria satisfeito se o tivesse em dobro.

Charles Spurgeon

Em agosto passado, levamos nosso filho a uma grande loja de brinquedos para gastar alguns vales-presentes que ele tinha ganhado de aniversário. Ele queria um skate. Gostei da ideia de ter um filho que sabe andar de skate, então fomos à loja gastar seus vales-presentes.

Assim que entramos lá, os olhos dele ficaram arregalados e perdidos diante do monte de brinquedos. Eu esperava ir direto para a seção de esportes, mas logo percebi que aquele passeio não aconteceria como planejado. Enquanto caminhávamos (quer dizer, enquanto eu o puxava), não demorou para que meu filho notasse um corredor com dinossauros e avistasse uma barraca *pop-up* projetada para parecer uma caverna. Na embalagem havia um menino sorrindo de orelha a orelha enquanto brincava com de 15 a vinte dinossauros pela caverna. Naquele momento, meu filho decidiu que não queria mais o skate, e sim uma barraca *pop-up* que simulava uma caverna de dinossauros.

Como pai, precisei intervir. Sou esperto o bastante para perceber que aquele brinquedo seria usado no máximo uma ou duas vezes, isso se não fosse destruído logo na primeira. Ele logo veria que não era algo tão emocionante (os dinossauros nem estavam incluídos). Lançando mão de algumas fortes técnicas de persuasão, eu o convenci a não comprar a caverna dos dinossauros, e ele acabou escolhendo levar o skate (o relato dessa experiência fica muito mais organizado aqui no texto comparado ao que aconteceu na loja... se é que você me entende).

Ainda bem que eu estava lá, desempenhando o papel de pai e evitando que meu filho desperdiçasse o dinheiro do aniversário naquela compra imprudente. Eu tinha consciência suficiente da situação para saber que, no longo prazo, ele se divertiria mais com um skate do que com uma falsa caverna de dinossauros.

Mas este livro não se trata do meu filho, e sim de mim e de você.

Essa história me levou a fazer uma pergunta difícil: "Quem na minha vida poderia me impedir de tomar decisões financeiras irresponsáveis?" Obviamente, tenho mais experiência de vida e sabedoria do que meu filho, então estou de alguma forma apto a ajudá-lo. Mas, quando vejo em minha casa tantas coisas que pareciam uma boa aquisição no momento da compra, não posso deixar de me perguntar se meu lar (e minha conta bancária) estariam diferentes se eu tivesse alguém olhando por cima do meu ombro, desempenhando o papel de pai e evitando que eu desperdice dinheiro.

Aqui estão algumas dicas práticas para ajudar a diminuir a influência do consumismo em sua vida. Quanto menos somos influenciados, mais fácil é controlar os nossos gastos.

Perceba que possuir coisas não equivale a alegria
Como parte do meu trabalho, costumo levar adultos e estudantes a lugares mais precarizados. Ao longo dos anos, já viajei o suficiente para poder prever qual será a resposta emocional na vida de alguém que nunca viu como se vive fora da cultura estadunidense voltada para o consumismo. Inevitavelmente, a pessoa vai demonstrar três emoções em algum momento da viagem:

1. Ficará chocada com o fato de pessoas com tão poucas posses poderem ser tão alegres.

2. Desejará aproveitar a vida tanto quanto as pessoas que conheceu.

3. Dirá que é abençoada por viver nos Estados Unidos e possuir tantos bens.

Os mais pensativos ligarão os pontos e perceberão a tolice de sua terceira afirmação assim que a disserem em voz alta. Os demais vão sentir essas três emoções continuamente. Estudos têm demonstrado que possuir bens não equivale a alegria (por exemplo, os Estados Unidos ocupam o primeiro lugar na incidência de depressão).

A triste verdade é que temos equiparado posses a alegria há tanto tempo que, mesmo quando temos provas do contrário bem diante de nossos olhos, não as enxergamos.

Considere o verdadeiro custo de suas compras

Normalmente, quando fazemos uma compra, consideramos o valor indicado na etiqueta como o preço total do item. Embora esse número represente com precisão o custo real no dia da compra, é raro que represente o custo total do objeto. Leve em conta alguns destes custos ocultos:

- Uma em cada onze famílias nos Estados Unidos aluga espaços em depósitos fora de suas casas. Em média, elas gastam mais de mil dólares por ano para estocar suas coisas.
- O estoque de objetos em casa custa, em média, 107 dólares (cerca de quinhentos reais) por metro quadrado utilizado.
- Stephanie Winston, autora de *Organized Executive* [Executivo organizado], estima que um gerente perde uma hora de produtividade por dia devido à falta de organização, o que custa à empresa mais de oito mil

dólares por ano, caso ele receba um salário anual de 65 mil dólares.

- Estima-se que entre 8% e 13% do valor da conta de luz resulta de aparelhos em stand-by, aqueles que consomem energia apenas por estarem plugados na tomada.

- A Harris Interactive relata que 23% dos adultos informam que pagam contas com atraso (e incorrem em juros) porque as perdem.

- A Associação Nacional de Organizadores Profissionais dos Estados Unidos afirma que passamos um ano de nossas vidas procurando itens perdidos.

Entenda o lado negativo do consumismo

A teoria econômica do consumismo argumenta que a aquisição crescente de bens é economicamente desejável para uma civilização. Costuma ser associado ao mundo ocidental, mas se aplica a muitos países fora do Ocidente. O consumismo tem suas vantagens:

- O consumidor escolhe seu estilo de vida, quais bens são necessários e quais luxos podem ser obtidos.

- Existem vantagens econômicas para um grande segmento da população (classes média e alta).

- Há oportunidade e motivação para se dedicar ao trabalho com afinco e melhorar a posição social.

Mas também tem suas desvantagens:

- Num mercado consumista, é do interesse dos produtores que as necessidades e os desejos do consumidor nunca sejam total ou permanentemente satisfeitos para que ele sempre adquira mais produtos. Esse objetivo é alcançado por meio da obsolescência programada, das mudanças contínuas de tendências (isto é, a moda), e também ao incentivar a inveja entre as classes ou encorajar os indivíduos a comprar mais do que podem pagar.
- Numa sociedade consumista, as pessoas consideram o dinheiro e as posses materiais como o maior bem, em vez de ter influência ou ser capaz de ajudar os outros.
- As sociedades consumistas são mais propensas a prejudicar o meio ambiente e a utilizar os recursos naturais numa taxa mais elevada.
- Nas sociedades consumistas, as classes alta e média normalmente se beneficiam à custa da classe baixa.

Por favor, entenda: este texto não foi escrito em apoio ou oposição à teoria do consumismo. Ele pretende apenas fornecer informações suficientes para ajudá-lo a fazer boas escolhas financeiras na sociedade consumista em que você vive.

Crie um plano de gastos

Embora decidir viver de forma simples traga benefícios financeiros, isso não resolverá seus problemas com dinheiro automaticamente. Se você gastou demais antes de organizar a vida, é provável que continue gastando demais depois; apenas terá encontrado coisas diferentes com que gastar. Se você ou sua família estão esbanjando, permita-me oferecer um plano de gastos que funcionou muito bem para mim.

A ideia que distingue esse "plano de gastos" de um "orçamento típico" é a compreensão de que, enquanto um orçamento dita o que se pode gastar, onde e quando ("só podemos gastar duzentos dólares em mantimentos este mês"), um plano de gastos permite que você controle seu dinheiro todos os meses. Além disso, ele reconhece que suas compras mudam e as despesas variam de mês para mês, algo que um orçamento mensal geral não costuma fazer.

Usar este modelo que proponho é bastante simples, embora exija algum esforço de sua parte no dia do pagamento e ao longo do mês. Para começar, determine o seu salário líquido mensal (não o seu rendimento bruto, mas o valor que entra em sua conta após os descontos).

Em segundo lugar, sente-se e determine seus custos mensais fixos. Estamos falando das despesas que você deve obrigatoriamente pagar todo mês neste momento da vida. A despesa mensal real pode variar (dentro do razoável) de mês para mês, mas ela sempre estará ali. Em nosso caso, esta é a lista de despesas mensais:

- Financiamento da casa
- Caridade
- Mantimentos
- Combustível
- Poupança/Aposentadoria
- Gás
- Eletricidade
- Água
- Seguro do automóvel
- Parcelas do empréstimo universitário
- Lixo
- TV a cabo
- Telefone e internet
- Celular
- Jornais
- Outros itens de lazer

Depois de determinar sua renda e seus custos fixos mensais, você pode facilmente reconhecer sua renda discricionária mensal (o dinheiro que sobra para gastar como quiser) subtraindo seus custos fixos de sua renda líquida. O plano de gastos permite que você gaste esse dinheiro sobressalente como desejar: com equipamentos esportivos, lanches, jantares, roupas novas, este livro...

Esse plano de gastos tem alguns benefícios maravilhosos:

- Logo no início, compreender sua renda discricionária vai proporcionar uma estrutura saudável para decidir quanto dinheiro você realmente tem para gastar a cada mês.

- O plano permite que você veja como os padrões de vida afetam os outros gastos. Por exemplo, se você traçar seu plano e perceber que precisa de uma renda discricionária maior, terá uma lista de custos fixos que podem ser cortados. Talvez continuar assinando TV a cabo seja desnecessário, se o corte desta despesa permitir um orçamento maior para as férias.

- Você poderá reconhecer facilmente como a economia acaba influenciando seus gastos. Por exemplo, se o preço do combustível subir, você poderá recalcular rapidamente seus custos fixos e determinar quanto da receita discricionária foi afetada. Da mesma forma, se o combustível baratear, você terá um pouco mais de dinheiro para gastar ou economizar naquele mês.

Mesmo que você não mantenha um acompanhamento constante das despesas ao longo de cada mês, recomendo fazer o levantamento inicial apenas para ter uma noção de sua "renda discricionária real". Esse pode ser apenas o primeiro passo para você finalmente controlar seus gastos.

Torne-se um fã do invisível

Há um ditado sábio que diz o seguinte: "Não fixe os olhos naquilo que se vê, mas naquilo que não se vê. Pois o que se vê é temporário, mas o que não se vê é eterno."

Nos Estados Unidos, 15 de abril é o dia da declaração de imposto de renda, no qual todo cidadão deve preencher seus formulários e enviar ao governo os impostos devidos. Preencher os formulários fiscais nos causa uma sensação única: é um daqueles momentos da vida em que tudo vira de cabeça para baixo.

Por exemplo, durante o ano, eu anseio por cada salário e cada renda extra. Mas, quando me sento para preencher meus formulários fiscais, estremeço com cada renda extra que recebi durante o ano. Da mesma forma, fazer uma doação de caridade pode ser um cheque difícil de preencher durante o ano, especialmente quando o dinheiro está escasso. Mas, no dia 15 de abril, celebro cada doação de caridade que fiz, e muitas vezes desejo ter feito mais, na medida em que cada uma delas reduz, pouco a pouco, meu imposto devido.

O fim de nossa vida será praticamente igual. Será mais um momento em que tudo virará de cabeça para baixo. Nesse momento, não nos importaremos com quantas horas trabalhamos — apenas com o tempo que passamos com a família e os amigos, e provavelmente desejaremos ter feito mais disso. Não nos importaremos com o tamanho da nossa conta bancária ou com as coisas que adquirimos. Nós nos preocuparemos com a diferença que fizemos, com as vidas que mudamos e com o legado que deixamos.

O dia de declarar o imposto e o leito de morte são dois momentos da vida em que tudo vira de cabeça para baixo. Mas há uma grande diferença entre eles: no ano que vem, teremos de pagar nossos impostos outra vez (infelizmente), mas só temos uma chance nesta vida (infelizmente). Viva pelas coisas que importam, tornando-se hoje mesmo um fã das coisas invisíveis e duradouras.

Princípio n.º 5: Perseverar

*Nem tudo que pode ser contado conta,
e nem tudo que conta pode ser contado.*

Albert Einstein

As metas nos moldam e nos transformam
Minha amiga Cheryl tinha um objetivo em mente. Quando a conheci, no ensino médio, seu objetivo era conquistar uma bolsa de mergulhadora da Universidade de Nebraska. Durante todos os anos do ensino médio, ela esteve incrivelmente motivada. Seu propósito a incentivava a acordar de manhã cedo e ir à academia. Ele a inspirava todos os dias depois da escola, quando ela mergulhava na piscina repetidas vezes por horas a fio. Influenciava seus hábitos alimentares, levando-a a comer saladas saudáveis e tomar água mineral, em vez de *cheeseburgers* e tacos (como eu). Cheryl ia para a cama ensaiando os mergulhos mentalmente e acordava pensando neles e no que precisava trabalhar naquele dia para alcançar sua meta. Seu objetivo de fazer parte da equipe de mergulho da faculdade afetava quase todos os aspectos da vida dela.

Isso foi até março do último ano da escola, no fim da temporada de mergulho do ensino médio em Nebraska e da competição estadual. Infelizmente, apesar de toda a dedicação, Cheryl recebeu a notícia de que não havia conseguido a bolsa. Ela tinha se empenhado de corpo e alma na realização desse objetivo, mas ele havia se desfeito e estava fora de seu alcance.

Da noite para o dia, Cheryl se tornou uma pessoa diferente. Quando ela se deu conta de que seu destino não era o que havia esperado, sua vida mudou radicalmente. De repente, ela começou a passar muito tempo com os amigos, saindo depois da escola e ficando até mais tarde nas festas deles. Começou a consumir *cheeseburgers* e refrigerantes, em vez de saladas e água (o que, aliás, fez com que nos sentíssemos menos constrangidos). Passou a dormir até tarde nos fins de semana, em vez de ir para a academia às seis da manhã. Era quase como se ela tivesse tido uma vida antes do nascimento de seus objetivos e outra, bem distinta, depois da morte deles. Ela se tornou uma pessoa completamente diferente.

A verdade é que os objetivos nos movem e nos moldam. Eles nos afetam e afetam a maneira como vivemos.

Ao iniciar o processo de organização em sua casa, você se sentirá animado e energizado. Conquistará pequenas vitórias e elas obrigarão você a estabelecer metas ainda mais elevadas (no sábado que vem, o sótão!). Elas vão moldar, esculpir e motivar. Então você vai chegar ao fim delas. E a difícil tarefa de manter sua casa livre de bagunça se apresentará. Sua energia não será mais determinada pelo objetivo de organizar o próximo cômodo. Em vez disso, você aprenderá a perseverar.

Para ajudar você a perseverar e manter sua casa organizada, aqui vão seis dicas úteis:

a) Reconheça seus "pontos focais de bagunça". Depois de apenas alguns meses de organização, comecei a reconhecer alguns "pontos focais de bagunça" em minha casa: o balcão da cozinha (correspondência, papéis escolares, obras de arte das crianças), as cômodas do quarto (moedas, revistas, livros, itens de bolso, projetos de trabalho trazidos para casa), a mesa da sala de jantar (brinquedos, sacolas de compras), a mesa do escritório (recibos, contas não pagas, documentos impressos, papelada) e a brinquedoteca (brinquedos, brinquedos, brinquedos).

Visto que bagunça gera bagunça, essas áreas específicas da minha casa traziam frustração à minha vida, pois continuavam cada vez mais desorganizadas mesmo depois de meses de arrumação. Tive algum alívio ao perceber que poderia até identificar nossos pontos problemáticos. Antes de começar a jornada, não tenho certeza se eu entendia o fluxo da minha casa o suficiente para perceber quais eram os pontos problemáticos. Depois de eliminar a desordem e reconhecer os pontos focais de bagunça, você poderá começar a resolver o problema:

- Admita que, pela natureza delas, algumas coisas vão exigir atenção diária: camas, roupas, pratos, correspondência, brinquedos...
- Instale "mata-bagunças" nessas áreas. Por exemplo, uma caixa de entrada organizada para suas correspondências ou para os trabalhos escolares de seus filhos deve ajudar a reduzir o pior da bagunça ao mínimo. Uma gaveta-lixeira para aquelas pequenas bugigangas que vão parar na bancada da cozinha. Encontre a solução adequada para você.
- Mude seus hábitos. Pare de colocar a correspondência na mesa da cozinha, seu casaco no respaldo de uma cadeira ou seu troco no balcão. Encontre um lugar para tudo e adquira o hábito de colocar tudo em seu lugar.

b) Minimize seu lixo eletrônico. Um passo para não permitir que o lixo eletrônico atrapalhe sua casa é jogá-lo na lixeira no instante em que eles passarem pela porta. No entanto, a melhor solução é não recebê-lo.

Remover seu nome das listas de e-mail não consome tanto tempo quanto você imagina e não custa um centavo. Você pode reduzir o lixo eletrônico em 75% a 85% se seguir estas três etapas fáceis:

- Registre seu nome em um serviço de preferências para marketing direto e cadastre seu e-mail no filtro "não enviar correio".
- Desative ofertas pré-aprovadas de cartões de crédito, seguros e outros serviços.
- Quando receber catálogos individuais, ligue para a empresa e peça para removê-lo da lista de mala direta.

Essas mudanças podem levar até noventa dias para começar a fazer efeito, mas você certamente notará a diferença quando isso acontecer!

c) Adiante-se ao problema no caso das roupas. Eu entendo: você muda, seus filhos mudam, as estações mudam e os estilos mudam. Não comprar roupas novas não é uma possibilidade. Portanto, tome a decisão de adiantar-se ao problema, no caso das roupas. Talvez uma política "entra uma, sai outra" seja o ideal para você. Para minha família, a experiência do guarda-roupa com os cabides virados, que mencionei antes, é eficaz. No início de cada estação, viramos nossos cabides e nos comprometemos a nos livrar de qualquer peça de roupa que não foi vestida. Assim, nos adiantamos ao problema no que diz respeito ao espaço no armário.

d) Com as crianças, mantenha o regime de bagunça zero. Muitas vezes leitores e amigos me perguntam como mantemos uma casa simplificada com dois filhos pequenos na família. Isso certamente torna tudo mais desafiador. Descobrimos que alguns passos importantes são muito úteis em nossa casa:

- **Identificar os brinquedos que eles realmente usam.** A brinquedoteca de nossos filhos sofreu uma reforma substancial com um passo simples: tiramos de lá os brinquedos que eles não usavam mais. Nós os envolvemos no processo e lhes demos voz na decisão de manter ou eliminar um brinquedo. Surpreendentemente, eles foram muito sinceros e honestos em suas respostas.
- **Arrume com frequência.** Na primeira arrumação, você provavelmente eliminará um grande número de brinquedos. Isso é ótimo. Mas continue arrumando com certa regularidade. Conforme novos brinquedos chegam à casa (que as crianças ganham em festas, aniversários, ocasiões especiais), avaliem quais dos antigos podem ser mandados embora.
- **Tudo tem seu lugar.** A regra para você também se aplica a eles. Cada objeto tem um lar. Quando tudo tem um lugar certo, organizar se torna uma tarefa muito mais fácil (e um pouco mais divertida).
- **Qualidade é melhor do que quantidade.** Permita que esse princípio permeie todas as áreas da sua vida, incluindo os brinquedos que você compra. É melhor ter

alguns brinquedos com os quais seus filhos adoram brincar do que uma pilha de lixo que não lhes interessa.

e) Prepare-se para as festas e presentes. Quase desisti do minimalismo certa vez. Como mencionei, escolhemos o minimalismo racional como estilo de vida em maio de 2008. Logo depois, passamos o verão limpando todos os cômodos da nossa casa. Ela estava linda quando terminamos, e adoramos a vida em nossa nova casa. Mas então chegou o Natal. Rapidamente percebemos que duas crianças pequenas mais quatro grupos de parentes equivalem a muitos mimos e lembranças. De uma hora para a outra, nossa casa ficou cheia de brinquedos, presentes e caixas. Parecia que todo o nosso trabalho duro fora em vão.

Nós perseveramos. Nós organizamos. E optamos por fazer algumas alterações antes do próximo aniversário ou Natal:

- **Optamos por não negar aos nossos parentes a alegria de presentear.** Nossos familiares adoram dar presentes, principalmente nas festas. É uma maneira de eles demonstrarem seu amor por nós. Seria injusto roubar-lhes a alegria e roubar a alegria dos nossos filhos pedindo que não dessem mais presentes. Portanto, tivemos a sabedoria de optar por não seguir esse caminho.

- **Fizemos questão de lhes dar listas.** Antes de cada aniversário/feriado, damos aos nossos parentes uma lista de desejos para cada um dos nossos filhos e para nós. Incluímos apenas as coisas de que realmente precisamos. Novamente, escolhemos itens de qualidade, em vez de quantidade.
- **Depois de um tempo, limpamos novamente.** Pode ser difícil saber de antemão como nossos filhos vão reagir a um novo brinquedo. Com alguns, eles brincam por um dia e nunca mais. Alguns brinquedos são usados só por uma semana, enquanto outros se tornam seus favoritos e passam a ser usados com frequência. Depois que a poeira baixar, avaliamos seus brinquedos novos e antigos e determinamos quais manter e quais eliminar.

f) **Pense fora da caixa.** Aqui estão mais algumas dicas para ajudar você a perseverar em seu estilo de vida livre de bagunça:

- **Compre coisas pela utilidade, não pelo *status*.** Pare de tentar impressionar os outros com suas coisas e comece a tentar impressioná-los com sua vida.
- **Rejeite qualquer coisa que esteja fazendo nascer um vício em você.** Recuse-se a ser escravo de qualquer coisa: café, cigarro, refrigerante, televisão, chocolate, álcool...

- **Desenvolva o hábito de doar coisas.** A maior parte de nós poderia se livrar de metade dos bens sem que isso fosse um sacrifício doloroso.

- **Recuse-se a ser convencido pelas propagandas de dispositivos modernos.** A tecnologia nem sempre torna sua vida mais simples. Na verdade, na maior parte das vezes, ela apenas torna sua vida mais confusa.

- **Aprenda a aproveitar as coisas sem possuí-las.** Propriedade não é nada, acesso é tudo. Visite uma biblioteca, um parque ou um museu.

- **Desenvolva uma apreciação mais profunda pela natureza.**

Princípio n.º 6: Compartilhar a alegria

Um indivíduo não começa a viver até que possa superar os limites estreitos das suas preocupações individualistas e chegar às preocupações mais gerais de toda a humanidade.

Martin Luther King Jr.

Um pouco da nossa história

Desde que decidimos nos tornar minimalistas, tive com várias pessoas milhares de conversas sobre a nossa decisão. E geralmente essas conversas começam da mesma maneira.

Minha mulher e eu estamos sentados a uma mesa com um grupo quando um de nossos amigos diz: "Joshua, você deveria nos contar como decidiu ser minimalista." Tendo a ser um pouco relutante, pois não quero que minha esposa e eu sejamos o centro das atenções, mas muitas vezes acabo atendendo ao pedido, quando insistem. Tento começar o mais próximo possível do início e conduzi-los em nossa jornada enquanto os outros fazem perguntas conforme eu avanço. Mais ou menos na metade do caminho, inevitavelmente os ouvintes começam a concordar.

Normalmente, eles vão falar afirmações do tipo: "Tenho tantas coisas das quais preciso me livrar também"; ou "Você deveria ver meu porão, é um desastre"; ou minha favorita:

"Mal posso esperar para chegar em casa e começar a jogar as coisas fora imediatamente!" Uma porcentagem menor enviará um e-mail ou postará um comentário em nosso site no dia seguinte, registrando as caixas de lixo ou sacolas de roupas que eliminaram de sua vida.

A atratividade do minimalismo (até agora, vi apenas dois homens decidirem firmemente que nunca se livrariam das suas coisas) parece tão universal que não consigo deixar de pensar que é assim que a vida deve ser. Quando uma alma ouve o convite, ela responde de modo favorável, como a nossa. Não fomos feitos para viver acumulando coisas. Fomos feitos para viver com simplicidade, aproveitando as experiências, as pessoas e a jornada da vida — não as coisas da vida.

O Princípio orientador n.º 6 para organizar sua casa e sua vida é "Compartilhar a alegria" contando sua história. Você descobrirá que as pessoas estão animadas para viver essa experiência também. Elas vão torcer por você. Vão motivá-lo, terão expectativas e perguntarão como vão as coisas na próxima vez que estiver com elas.

A alegria é mais bem aproveitada quando compartilhada. Quando minha esposa e eu ficamos noivos, ela mal podia esperar para contar aos amigos. Quando nosso primeiro filho nasceu, mal podia esperar para ligar para todo mundo que conhecia. A alegria atinge a sua plenitude quando é partilhada com os outros. Portanto, não perca a oportunidade de compartilhar suas histórias de organização com outras pessoas.

Em nosso site, incentivamos nossos leitores a compartilhar suas histórias de como se tornaram minimalistas. Meu coração fica aquecido quando leio sobre a alegria que eles sentem ao organizar sua vida. Cada história é única, mas o resultado é sempre o mesmo. Aqui estão duas das minhas histórias favoritas:

A história de Christine
Sempre gostei da ideia de ter menos "coisas" por perto. No entanto, eu tive uma verdadeira epifania durante uma semana particularmente estressante no trabalho. Sou corretora de seguros e tenho 26 anos. Eu estava trabalhando com clientes em suas apólices e não conseguia tolerar a sovinice que consumia tantos deles. Uma cliente me ligou para reclamar dos preços do seguro e, ao mesmo tempo, solicitou uma proposta para comprar um BMW novo. Outro cliente estava obcecado em segurar todos os pertences que ele e a esposa possuíam — joias, peles, antiguidades, pinturas etc. E simplesmente me ocorreu: eu não queria que meu marido e eu nos tornássemos pessoas como aquelas. Queria viver sem o estresse de possuir tantas coisas desnecessárias. Eu queria ser livre de objetos!

Desde aquele momento, tenho vasculhado meu pequeno apartamento e "minimalizado". Sempre fui organizada e não sou muito de guardar coisas, mas você ficaria surpreso com quanta coisa pode ser escondida em gavetas e armários! Revisei minhas joias e me livrei de todas que nunca usaria. Levei o ouro que não queria para um joalheiro e vendi. O Ebay foi fantástico para dar destino aos outros itens. Continuo vasculhando os cômodos do meu apartamento para ver onde mais posso minimizar. Ainda tenho um longo caminho a percorrer, mas tem sido ótimo até agora.

Uma das vantagens é que, na minha tentativa de me tornar mais minimalista, parei quase completamente de fazer compras. Planejo usar as roupas e os sapatos que tenho antes de comprar algo novo. Eu nem penso mais em fazer compras. Meu marido realmente começou a adotar minha nova escolha de estilo de vida — é ótimo tê-lo a bordo!

Eu simplesmente acho que essa é uma ótima maneira de viver. Carrego menos coisas na bolsa quando vou a algum lugar. Tenho menos coisas materiais com que me preocupar. Não me sinto "consumida pelo consumismo". É libertador!

A história de Christy

Passei os últimos dez meses organizando e simplificando a casa e a vida. Fiz uma rodada de simplificação, e quando comecei a olhar minhas coisas de forma mais crítica, percebi que a primeira ação era realmente a ponta do iceberg.

Tudo começou no último Halloween. Eu tive de saltar por cima de várias coisas até a porta para atender as crianças que pediam doces. Fiquei envergonhada com o estado da minha casa, pensando no Natal, e dentro de mim surgiu um pensamento do qual não poderia fugir: eu moro em uma linda casinha vitoriana que poderia ser um modelo de lar e de aconchego, mas vivemos apertados e rodeados de bagunça. E eu sabia que o Natal chegaria em um piscar de olhos, o que significaria *mais* enfeites e bagunça. Isso, sim, é perder o foco e não aproveitar toda a paz e o sentido da época do ano.

Então, naquela noite, decidi começar o dia seguinte organizando o máximo que eu conseguisse para que, em algumas semanas, quando chegasse a época do Natal, eu pudesse aproveitar minha casinha e enchê-la de pessoas e coisas que eu realmente amava.

Me empenhei muito, e isso fez uma grande diferença no nosso Natal e na bagunça dentro da minha mente. Comecei a procurar no meu estoque de enfeites de Natal coisas que tivessem significado e, em algum momento do processo, comecei a ver *todas* as minhas coisas de uma nova maneira. Queria estar cercada do que eu amava, e não do que eu era obrigada a guardar. Repensei como queria que fossem nossos espaços de convivência e como eles poderiam servir melhor nossa família. Por exemplo, por mais que uma cadeira de balanço transmita acolhimento e conforto, o quanto ela é prática na hora em que meu garotinho cheio de energia bate a cabeça nela porque há pouco espaço livre no chão?

E nos dez meses seguintes continuei fazendo isso: esvaziando toda a nossa casa, do porão ao banheiro, cada gaveta e cada cantinho. Levei incontáveis carrinhos cheios de pertences para o brechó e não há nada de que eu me arrependa por não ter guardado. Esse conceito, no mínimo, tem sido revelador para mim... Eu tinha *aquela* quantidade de coisas que estavam "longe da vista, longe da mente". Caramba... não admira que sejamos considerados os "ricos" do mundo. Toda semana, eu ainda encontro coisas que posso eliminar.

Para mim, não se trata de ter cem coisas ou mil. Trata-se de viver com o mínimo que posso. Trata-se de gastar menos tempo pensando nas coisas e mais tempo amando as pessoas. É viver no presente e não ficar presa ao passado ou esperando pelo futuro. É ver tudo o que tenho como uma grande bênção.

Estou reduzida ao mínimo? Provavelmente não, mas estou trabalhando nisso. Sinto que descobri uma nova forma de viver que envolve pensamento real, prioridades e criatividade. Agora quando lido com minhas coisas eu me pergunto: será que usarei esse objeto na vida real (e não apenas na imaginação)? Ele está no lugar mais apropriado para esse fim? Possuí-lo significaria mais para alguém que eu amo? E o mais importante: "Só porque *posso* comprar algo, quer dizer que preciso?"

Espero que essas histórias inspirem você. Mas o mais importante é: espero que você consiga contar uma história que inspire outras pessoas.

Princípio n.º 7: Simplificar em todos os aspectos

Você não precisa correr atrás de tudo que sempre quis se já tem tudo de que precisa.

A simplicidade traz liberdade. A simplicidade traz alegria. Traz equilíbrio. Você experimentará essa liberdade, essa alegria e esse equilíbrio à medida que sua casa se tornar simplificada e organizada. Em breve, você vai começar a se perguntar: "Em que outros aspectos da minha vida posso eliminar as distrações e simplesmente me concentrar no essencial?" Sua resposta à pergunta deve ser mais ou menos assim: "Em quase todos!" Em todas as áreas da sua vida, opte por promover deliberadamente as coisas que você mais valoriza e eliminar o que é apenas distração. Aqui está uma lista parcial de áreas nas quais descobrimos que esse princípio agrega valor à nossa vida:

Gerenciamento de tempo

Certa vez, palestrei para uma sala cheia de adolescentes sobre prioridades. Compartilhei com eles esta história, que vem de Stephen Covey:

Um professor universitário estava se dirigindo à sua nova turma de alunos de administração e, para enfatizar um argumento, usou uma ilustração que esses estudantes jamais esquecerão. Diante daquele grupo de jovens brilhantes e cheios de energia, ele disse: "Ok, hora de um teste." Ele pegou uma jarra de vidro de quase quatro litros e colocou na mesa à sua frente. Também mostrou cerca de dez pedras do tamanho de um punho e, com cuidado, as colocou na jarra, uma de cada vez.

Quando a jarra estava cheia até o topo e não cabiam mais pedras dentro dela, ele perguntou:

— Esta jarra está cheia?

— Sim! — exclamaram todos da turma.

O professor retrucou com um pequeno sorriso:

— Sério?

Ele enfiou a mão debaixo da mesa e tirou um balde de cascalho. Despejou um pouco de cascalho e sacudiu a jarra, fazendo com que pedaços de cascalho caíssem nos espaços entre as pedras grandes. Então, perguntou ao grupo mais uma vez:

— A jarra está cheia?

A essa altura, a turma já estava sintonizada com ele.

— Provavelmente não — respondeu um deles.

— Isso! — assentiu o professor.

Então ele enfiou a mão debaixo da mesa e tirou um balde de areia. Começou a despejar na jarra aquela areia, que ocupou todos os espaços deixados entre as pedras e o cascalho. Mais uma vez, fez a pergunta:

— Esta jarra está cheia?

— Não! — a turma gritou.

— Muito bem — disse o professor.

Ele pegou uma garrafa de água e começou a despejá-la até a jarra ficar cheia até a borda. Então olhou para a turma e perguntou:

— Alguém pode me explicar o objetivo do que estou fazendo?

Um aluno na primeira fila levantou a mão e disse:

— A questão é que, não importa quão lotada esteja sua agenda, se você se esforçar de verdade, sempre poderá incluir mais algumas coisas nela!

— Não — respondeu o professor —, esse não é o ponto. A verdade que isso nos ensina é: se você não colocar as pedras grandes primeiro, elas ficarão de fora para sempre.

Quais são, portanto, as "pedras grandes" na sua vida? Desde que nos tornamos minimalistas, temos conseguido identificar as pedras grandes da nossa vida — os nossos filhos, os nossos amigos, a nossa fé, os nossos objetivos e a nossa influência. Simplificar a vida é identificar as pedras grandes, colocá-las no pote e eliminar conscientemente as pedras pequenas.

A tirania do urgente

Em 1967, Charles Hummel escreveu um livro chamado *Tyranny of the Urgent* [A tirania do urgente]. Homem à frente de seu tempo, Hummel descreve a tensão entre dois concorrentes que lutam pelo nosso tempo: o urgente e o importante. Ele ensina que as coisas urgentes — como as tarefas no escritório, os pedidos de outras pessoas e até as nossas "compulsões internas" — normalmente vencem as coisas importantes, como momentos de proximidade com o nosso cônjuge, passar algum tempo sozinho, fazer exercícios ou meditar.

Com incrível profundidade de percepção, ele observou que as coisas importantes são gentis; elas não exigem nossa atenção. Apenas esperam pacientemente que tomemos a iniciativa. No longo prazo, há um preço a pagar pela negligência das coisas importantes. Como um vulcão, chega um dia em que as áreas negligenciadas da nossa vida explodem e causam transtornos. Ironicamente, sempre nos perguntamos como é que não percebemos os primeiros sinais de alerta.

Nossa tentação é dizer: "Bem, eu simplesmente não tive tempo para fazer tudo." Hummel sugere que a falta de tempo é, em última análise, uma falha na definição de prioridades.

No mês passado, li um artigo da CNN intitulado "Largue esse Blackberry! Ser multitarefa pode ser prejudicial". Alguns estudos recentes sugerem que o uso de tecnologias multitarefa, na verdade, reduz a produtividade. Especificamente, as pessoas mais multitarefadas se distraem com maior facilidade com informações irrelevantes do que aquelas que não estão constantemente em um frenesi

multimídia, de acordo com o estudo publicado nos anais da Academia Nacional de Ciências. David Goodman, professor assistente de Psiquiatria e Ciências do Comportamento na Escola de Medicina da Universidade Johns Hopkins, disse: "Estamos sendo inundados por excesso de informação, e não é mais possível filtrar rapidamente o que é importante e o que não é."
O que nos traz de volta aos princípios defendidos em *Tyranny of the Urgent*, escrito há mais de quarenta anos.
Simplificar sua vida pode ser mais do que apenas eliminar objetos. Se o minimalismo é a promoção intencional das coisas que mais valorizo, trata-se também de decidir o que é mais importante na minha vida e me livrar das coisas que me distraem disso. Trata-se de eliminar o que é urgente em favor do que é importante.

Discurso simples e honesto
Faça da honestidade e da integridade as características distintivas do seu discurso. Se você aceita fazer algo, faça. Evite lisonjas e meias verdades. Fuja de palavras usadas apenas para impressionar os outros. Você nunca se arrependerá e dormirá bem à noite.

Seus canais de televisão
Em janeiro passado, nos livramos do pacote estendido de TV a cabo. Isso foi ideia da empresa distribuidora do sinal. Embora já tivéssemos considerado mudar nosso serviço

toda vez que eles aumentavam os preços, quando ultrapassaram o limite de sessenta dólares por mês finalmente jogamos a toalha e fizemos a redução para o pacote básico, com 13 canais.

Como isso foi há mais de um ano, tivemos bastante oportunidade para avaliar nossa decisão:

- Menos canais
- Mais jogos de tabuleiro
- Mais passeios em família
- Praticar mais esportes, em vez de assistir a eles
- Mais tempo na mesa de jantar
- Mais leitura
- Mais sexo
- Mais dinheiro na poupança
- Mais tempo com amigos
- Mais interesse na vida de pessoas reais
- Mais tempo na academia
- Uma compreensão mais sólida da política

Sejamos francos: não eliminamos completamente a televisão de nossa vida. Meus filhos ainda assistem durante pelo menos uma hora por dia (trinta minutos pela manhã e trinta minutos depois da escola). Ainda assisto a esportes, quando está passando. Minha esposa ainda gosta de suas novelas no horário nobre. Mas o tempo que gastamos em frente à TV foi drasticamente reduzido. Estamos extremamente satisfeitos com nossa decisão e recomendamos a todos que façam essa experiência!

A tela do seu computador

Os computadores, mesmo com todos os seus recursos para economizar tempo, na verdade podem se tornar uma de nossas maiores distrações. Para usá-lo com eficiência, recomendo estas técnicas simplificadoras:

- Limpe sua caixa de entrada de e-mail todos os dias.
- Desinstale programas que não utiliza.
- Use pastas para classificar documentos.
- Oculte os ícones da área de trabalho.
- Use um processador de texto simples.
- Limite seu tempo em sites de redes sociais.

O convite da simplicidade

Todos correm atrás da felicidade sem perceber que ela está em seu encalço.
Bertolt Brecht

Um dia, um pescador estava deitado em uma bela praia com sua vara de pescar enfiada na areia e sua linha solitária lançada sobre as cintilantes ondas azuis. Ele estava aproveitando o calor do sol da tarde, na esperança de pegar um peixe.

Foi então que um empresário chegou caminhando pela praia, tentando aliviar um pouco o estresse do dia de trabalho. Ele notou o homem sentado na areia e decidiu descobrir por que ele estava pescando, em vez de trabalhar mais para garantir o seu sustento e o de sua família.

— Assim você não vai pegar muitos peixes — disse o empresário. — Você deveria estar trabalhando, em vez de ficar deitado na praia!

O pescador olhou para o empresário, sorriu e respondeu:
— E isso vai me trazer o quê?

— Bem, você pode conseguir redes maiores e pescar mais peixes! — Foi a resposta do empresário.

— E isso vai me trazer o quê? — perguntou o pescador, ainda sorrindo.

O empresário respondeu:

— Você vai ganhar dinheiro e poderá comprar um barco, e com isso pegará ainda mais peixes!

— E isso vai me trazer o quê? — perguntou o pescador mais uma vez.

O empresário começava a ficar um pouco irritado com as perguntas do pescador. Ele disse:

— Você pode comprar um barco maior e contratar algumas pessoas para trabalhar para você!

— E isso vai me trazer o quê? — repetiu o pescador.

O empresário estava ficando irritado.

— Você não entende? Pode construir uma frota de barcos de pesca, navegar por todo o mundo e deixar todos os seus funcionários pescarem para você!

Mais uma vez, o pescador perguntou:

— E isso vai me trazer o quê?

O empresário ficou vermelho de raiva e gritou para o pescador:

— Você não entende que pode ficar tão rico que nunca mais terá de trabalhar para viver? Você pode passar o resto dos seus dias sentado nesta praia, olhando o pôr do sol. Você não terá nenhuma preocupação no mundo!

O pescador, ainda sorrindo, olhou para cima e disse:

— E o que você acha que estou fazendo agora?

O convite da simplicidade

Uma vida de simplicidade está fazendo um convite a você. Ela vem convidá-lo a levar a vida que você nasceu para viver, não a vida que seu vizinho está tentando alcançar. A valorizar as coisas que você deseja valorizar, não os valores dos *outdoors* e anúncios. A eliminar as distrações que impedem você de viver verdadeiramente.

E ela sempre esteve aqui...

Direção editorial
Daniele Cajueiro

Editor responsável
Omar Souza

Produção editorial
Adriana Torres
Júlia Ribeiro
Mariana Oliveira

Revisão de tradução
Alvanísio Damasceno

Revisão
Carolina Leocadio

Capa
Tiago Gouvêa

Projeto gráfico de miolo
Douglas Watanabe

Diagramação
Henrique Diniz

Este livro foi impresso em 2024,
pela Santa Marta, para a Agir.